Géographie, histoire et éducation à la citoyenneté

2ᵉ cycle

Sur la piste

Brigitte Bernier

Marie-France Davignon

Jacinthe Saint-Martin

Chantal Déry, coordonnatrice

Mon cahier
d'apprentissage

ERPI
ÉDITIONS DU RENOUVEAU PÉDAGOGIQUE INC.

5757, RUE CYPIHOT, SAINT-LAURENT (QUÉBEC) H4S 1R3
TÉLÉPHONE : (514) 334-2690   TÉLÉCOPIEUR : (514) 334-4720
COURRIEL : erpidlm@erpi.com   www.erpi.com

Éditrice
Marie Duclos

Révision scientifique
Alain Beaulieu, professeur au département d'histoire, Université du Québec à Montréal
Martin Fournier (Ph. D.), consultant en histoire et mise en valeur du patrimoine ; spécialités : Nouvelle-France et relations avec les Amérindiens ; nouvelle économie et développement global
Michèle Fréchet, professeure de géographie au Collège de Montréal

Chargées de projet
Christiane Gauthier
Johanne La Ferrière

Correctrice d'épreuves
Odile Dallaserra

Recherchiste (images et droits)
Pierre Richard Bernier

Illustrations
Jocelyne Bouchard : p. 3, 39, 68-73, 81
Bernard Duchesne : p. 2, 4-8 (sauf en bas à droite), 9, 15, 22
Christiane Gaudet : p. 32-35, 37, 62
Danièla Zékina : p. 12, 42-43, 45-46, 50, 54-57

Photographies
Archives nationales du Canada : p. III, 23 (Champlain : n° C.6643) ; 25, 87 (Radisson : n° CI5497) ; 28 (bas)
Archives nationales du Québec, Centre de Montréal/Fonds famille Bourassa, cote P266,S4,P20 : p. 24 (La Salle), 30 (gauche)
Francis Back : p. 24, 85 (Kondiaronk)
Collection du Monastère des Ursulines de Québec/photo KEDL : p. II (ange)
Collection du Musée d'art de Joliette : p. II (crucifix)
Corbis/Magma/Kit Kittle : p. 79 (feuillus)
Jean-Marie Cossette/Point du jour aviation : p. 18, 19
Musée d'art de Saint-Laurent : p. II (armoire)
Musée de la Civilisation : p. II (seau, table) ; collection Coverdale : p. II (fourche) ; Dépôt du Séminaire de Québec, Frontenac (1672-82), (1689-98), n° 1993.213.12.18 : p. 25, 88 (Frontenac)
Musée de l'Amérique française : p. 25, 88 (Monseigneur de Laval)
Musée des Augustines de l'Hôtel-Dieu de Québec : p. 25, 86 (Jean Talon)
Musée des Hospitalières de l'Hôtel-Dieu de Montréal : p. 24, 85 (Jeanne Mance)
Musée du Château Ramezay, Montréal : p. 25, 87 (Hocquart)
Musée Marguerite-Bourgeoys : peinture d'Ozias Leduc : p. 24, 85 (Maisonneuve) ; peinture de S.S. M.-Léonidas : p. III, 24, 86 (M. Bourgeoys), 28 (haut)
Musée McCord d'histoire canadienne, Montréal : p. 51
Réflexion Photothèque/Sean O'Neill/Megapress : p. 79 (toundra et forêt mixte)
Ville de Québec, Service de l'aménagement du territoire, 5 septembre 1987 : p. 20

Cartographie
Carto–Média

Conception graphique et édition électronique

Couverture

Illustrations : Virginia Pésémapéo Bordeleau, Jocelyne Bouchard, Danièla Zékina et Bernard Duschesne

Dépôt légal : 2e trimestre 2002
Bibliothèque nationale du Québec
Bibliothèque nationale du Canada

Imprimé au Canada
ISBN 2-7613-1261-9

1234567890 IE 098765432
10487 ABCD   OFI0

Table des matières

Dossier 1

Une seigneurie près du fleuve
La société canadienne en Nouvelle-France vers 1745

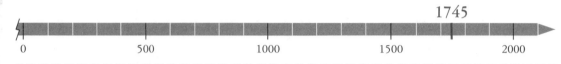

> **V**ers 1745, en Nouvelle-France, la majorité des Canadiens vivent à la campagne, dans des seigneuries situées le long d'un cours d'eau.

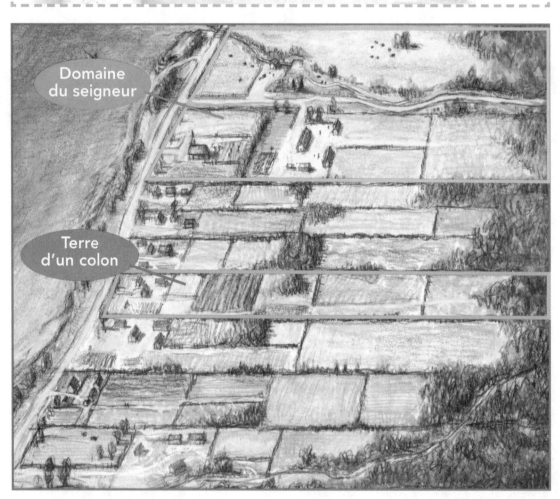

Une seigneurie, vers 1745.

▶ L'illustration ci-dessus montre divers éléments d'une seigneurie. Observe bien l'illustration, puis réponds aux questions de la page suivante.

(suite, p. 3)

a) Note les éléments que tu vois sur l'illustration.

_____

_____

_____

_____

b) Quelle est la forme de la terre d'un colon ?

_____

c) Dans une seigneurie, une partie des terres est réservée au seigneur. Sur l'illustration, comment appelle-t-on cette partie ?

_____

d) D'après tes observations, quelle est la principale activité des habitants dans une seigneurie ?

_____

e) Les premières seigneuries sont toutes situées sur les rives

d'un _____. Cela facilite le transport

et l'approvisionnement.

1 # Une seigneurie à la carte

Je découvre des éléments de la vie d'une seigneurie.

> **V**ers 1745, la majorité des seigneuries en Nouvelle-France sont situées dans les basses-terres du Saint-Laurent. L'organisation d'une seigneurie est le reflet de la vie quotidienne à l'époque.

1 Lis attentivement le texte suivant et observe les illustrations. Tu auras besoin de certaines informations pour faire l'activité de la page suivante.

Les habitants d'une seigneurie

Le **seigneur** est le propriétaire de la seigneurie. Il a reçu sa seigneurie du roi de France. Il **doit** peupler et développer sa seigneurie. Il fournit des terres aux colons qui veulent s'y établir. Cela lui donne le **droit** de percevoir le **cens**, c'est-à-dire de recevoir en échange une petite partie de la récolte de chaque colon. Il a le **devoir** de faire construire un moulin sur le territoire de la seigneurie. Il a le **droit** de prendre une partie de la farine moulue dans son moulin.

Un seigneur.

Des colons.

Vers 1745, beaucoup de colons sont des censitaires. Un **colon** qui reçoit une terre du seigneur est appelé un **censitaire**. Le colon **doit** payer le cens, c'est-à-dire qu'il doit donner une partie de sa récolte au seigneur. Il a le **devoir** de défricher et de cultiver sa terre, d'y construire une maison et de l'habiter. Habituellement, il a le **droit** de chasser, de pêcher et de couper du bois sur sa terre.

(suite, p. 5)

La défense de chaque seigneurie est assurée
par la **milice**. C'est le capitaine de la milice
qui commande la milice. Il est choisi parmi
les colons. À tour de rôle, les colons **doivent**
faire partie de la milice. Ils s'entraînent à
bien défendre la population.

Les colons font partie de la milice.

2 Indique le nom de chaque personnage illustré. Pour chacun d'eux,
trouve deux droits et deux devoirs.

Ce personnage est un _____

Droits : _____

_____

_____

Devoirs : _____

_____

_____

Ce personnage est un _____

Droits : _____

_____

_____

Devoirs : _____

_____

_____

(suite, p. 6)

Nom : _____ Date : _____

3 Maintenant, observe bien les illustrations ci-dessous et lis
attentivement le texte. Certaines informations t'aideront à faire
l'activité de la page suivante.

Les bâtiments de la seigneurie

La résidence du seigneur s'appelle un manoir. Cette résidence est
construite sur le domaine du seigneur. Elle comprend une grande salle,
qui lui sert de bureau. Sur le domaine, il y a souvent une église. Celle-ci
est à la fois un lieu de prière et de rencontre. Le moulin constitue un autre
bâtiment important. C'est là que les colons doivent apporter leur récolte
de céréales pour en faire de la farine. Les deux bâtiments, soit le moulin
et l'église, servent à tous les habitants de la seigneurie.

Sur sa terre, le censitaire bâtit sa maison pour lui et sa famille. Près de la
maison, il y a une laiterie qui est utilisée pour entreposer le lait. Sa terre
comprend aussi différents bâtiments. On y trouve une étable qui abrite
les animaux et une grange qui sert à entasser le foin.

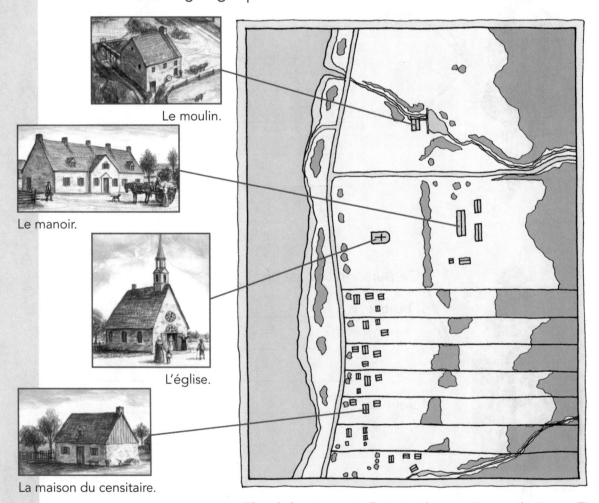

Le moulin.

Le manoir.

L'église.

La maison du censitaire.

Plan de la seigneurie illustrée à la page 2. *(suite, p. 7)*

④ Indique le nom du bâtiment, puis précise à quoi il sert.

a) _____

Ce bâtiment sert _____

_____

b) _____

Ce bâtiment sert _____

_____

c) _____

Ce bâtiment sert _____

_____

d) _____

Ce bâtiment sert _____

_____

⑤ Indique maintenant l'utilité des bâtiments suivants.

a) La grange : _____

b) L'étable : _____

c) La laiterie : _____

Activité 2 Voyage dans le temps

🎯 Je découvre les activités des habitants et l'organisation d'une seigneurie.

> **L**es activités des habitants et l'organisation d'une seigneurie permettent de connaître la façon de vivre des gens vers 1745. De nos jours, on trouve encore des traces de cette époque.

1 Les illustrations ci-dessous représentent des activités qui se déroulaient dans une seigneurie. Observe ces illustrations, puis nomme sept activités que faisaient les habitants de l'époque.

_____

_____

_____

_____

_____

(suite, p. 9)

2 Découpe les petites illustrations au bas de la page, puis place-les au bon endroit sur le plan de la seigneurie.

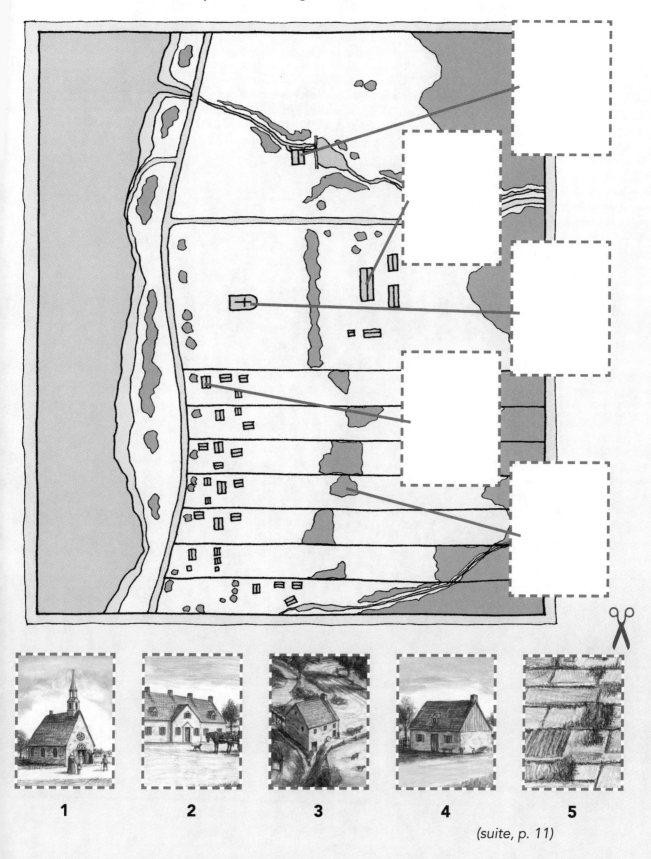

1　　　　**2**　　　　**3**　　　　**4**　　　　**5**

(suite, p. 11)

3 Encore aujourd'hui, on trouve, au Québec, des traces de l'époque des seigneuries. Par exemple, les objets représentés ci-dessus datent de cette époque. Nomme trois de ces objets.

- _____
- _____
- _____

Activité 3 **Une visite chez un colon**

Je découvre la façon de vivre des habitants de la Nouvelle-France vers 1745.

> V̄ers 1745, la vie familiale des habitants d'une seigneurie se déroule surtout dans la pièce commune de la maison.

1 La pièce commune de la maison est illustrée ci-dessous.
Cependant, elle contient sept objets qui n'existaient pas à l'époque
des seigneuries. Trouve ces objets et entoure-les.

Attention ! Erreurs !

Une veillée chez un colon.   *(suite, p. 13)*

2 À partir de l'illustration de la page 12, donne une preuve que la pièce commune est un lieu de rassemblement.

_____

_____

_____

3 Nomme d'autres activités qui peuvent avoir lieu dans la pièce commune.

_____

_____

_____

_____

4 C'est à ton tour d'illustrer une scène de la vie dans une seigneurie.

   a) Choisis une activité qui se déroule à l'extérieur.

   b) Donne un titre à ton dessin. Écris le titre en dessous de ton dessin.

   c) Ajoute cinq objets qui n'existaient pas à cette époque.

   d) Fais-les découvrir à un ou une camarade.

Titre : _____

Activité 4 Des mots pour le dire

Je me familiarise avec le vocabulaire propre à une seigneurie.

> **Vers 1745, les terres de la Nouvelle-France sont divisées en seigneuries. Voici certaines définitions de choses ou de gens que l'on retrouve dans les seigneuries.**

▶ Trouve le mot qui répond à la définition et écris-le dans la grille de la page suivante.

1. C'est la résidence du seigneur.

   M ___ ___ ___ ___ ___

2. Les habitants se réunissent à cet endroit. C'est un lieu de prière et de rencontre.

   É ___ ___ ___ ___ ___

3. Les colons en font obligatoirement partie et ils doivent s'exercer au maniement des armes durant quelques jours chaque année.

   M ___ ___ ___ ___ ___

4. Les premières seigneuries sont toutes situées sur ses rives. Il facilite le transport et l'approvisionnement.

   C ___ ___ ___ ___   ___ ___ ___ ___

5. C'est le propriétaire de la seigneurie.

   S ___ ___ ___ ___ ___ ___ ___

6. Autre nom utilisé pour désigner un colon.

   C ___ ___ ___ ___ ___ ___ ___ ___ ___

7. Ce bâtiment sert à entasser le foin.

   G ___ ___ ___ ___ ___

(suite, p. 15)

8. Ce petit bâtiment est situé près de la grange. On y entrepose le lait.

L ___ ___ ___ ___ ___ ___ ___

9. Dans une seigneurie, chaque colon doit en exploiter une.

F ___ ___ ___ ___

10. Nom utilisé pour désigner le territoire occupé par le seigneur.

S ___ ___ ___ ___ ___ ___ ___ ___ ___

11. C'est la personne qui accorde les seigneuries en Nouvelle-France.

R ___ ___

12. Le censitaire doit le payer au seigneur.

C ___ ___ ___

Des **techniques**

Activité **5** **Entre fleuve et montagnes**

 J'apprends à lire une carte où l'on voit les basses-terres du Saint-Laurent.

Les vallées fluviales sont situées entre des élévations du terrain : soit des montagnes, soit des plateaux. En général, elles sont traversées par un cours d'eau. Le terrain est plutôt plat. Habituellement, le sol est fertile. Les basses-terres du Saint-Laurent constituent une vallée fluviale. C'est pour cette raison que les seigneuries s'y trouvent.

Carte 1 **Les seigneuries en Nouvelle-France vers 1745.**

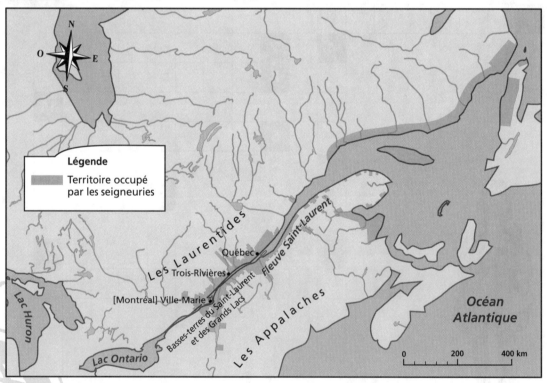

(suite, p. 17)

1 Observe la carte de la page 16, puis réponds aux questions.

a) Écris les noms des élévations du terrain situées de chaque côté de la vallée fluviale des basses-terres du Saint-Laurent.

_____

_____

b) Quel cours d'eau traverse la vallée fluviale des basses-terres du Saint-Laurent?

_____

c) Où sont situées les seigneuries?

_____

_____

_____

_____

d) Pourquoi les seigneuries sont-elles situées près d'un cours d'eau?

_____

_____

_____

_____

2 Sur la carte 1, entoure les Appalaches et les Laurentides en rouge.

3 Dans tes mots, explique pourquoi les basses-terres du Saint-Laurent constituent une vallée fluviale.

_____

_____

_____

_____

_____

_____

Des techniques

Activité 6 À la recherche du temps passé

 J'apprends à lire une photographie aérienne.

> Le territoire occupé par les seigneuries a continué de se développer au cours des années. Les photographies aériennes récentes nous permettent de relever des traces de l'époque des seigneuries.

1 La photographie ci-dessous contient des détails intéressants. Observe-la attentivement, puis réponds aux questions de la page suivante.

Une vue aérienne de Saint-Marc-sur-Richelieu en 1993.

(suite, p. 19)

2 Repère les éléments suivants sur la photographie. Écris la lettre correspondante au bon endroit sur la photographie.

A Un cours d'eau.

B Une église.

C Une route.

D Des arbres autour des champs.

3 Fais le contour d'un champ à l'aide d'un crayon de couleur. Réponds ensuite aux questions.

a) Quelle est la forme habituelle d'un champ sur la photographie, qui rappelle la forme des terres au temps des seigneuries ?

_____

_____

b) Actuellement, on utilise ces champs pour les mêmes raisons qu'au temps des seigneuries. Nomme deux utilisations.

• _____

• _____

c) Quels éléments marquent les limites des champs ?

_____

_____

_____

d) Quelles traces importantes de l'époque des seigneuries peux-tu relever sur cette photographie ?

_____

_____

_____

(suite, p. 20)

4 Les terres, à l'époque des seigneuries, n'étaient pas toutes divisées de la même façon. La photographie ci-dessous montre une vue aérienne de la ville de Charlesbourg, dans la région de Québec. Elle contient des traces de l'époque des seigneuries.

a) Observe d'abord attentivement la photographie.

b) Repère deux différences entre cette photographie et celle de la page 18.

- _____

- _____

  _____

Une vue aérienne de Charlesbourg, dans la région de Québec, en 1987.

Activité 7 La seigneurie en bref

1 Avant de faire l'activité, tu peux revoir les illustrations ou les textes des activités du dossier 1.

Dessine le plan d'une seigneurie, en y plaçant correctement les principaux bâtiments.

(suite, p. 22)

② Qui suis-je ?

a) Je suis le propriétaire de la seigneurie.

_____

b) Je défriche et je cultive la terre.

_____

c) Je suis responsable de la défense de la seigneurie.

_____

d) Je dois payer le cens au seigneur.

_____

e) Je suis responsable de la construction du moulin.

_____

f) Je dois participer à la milice.

_____

g) Je fais cuire le pain.

_____

Dossier 2

Des personnages importants

En Nouvelle-France, de 1645 à 1745

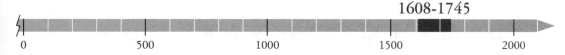

1608-1745

0   500   1000   1500   2000

Samuel de Champlain est le fondateur de la Nouvelle-France. Grâce à son influence et à ses découvertes, il a ouvert la voie à d'autres personnages qui sont venus, après lui, développer la Nouvelle-France.

▶ Lis la fiche d'identité ci-dessous et réponds aux questions.

Fiche d'identité de Samuel de Champlain

Pays d'origine : France.

Année de sa naissance : Vers 1570.

Année de son décès : 1635.

Buts de ses expéditions : Explorer le territoire qui deviendra la Nouvelle-France. Établir une colonie française sur les bords du fleuve Saint-Laurent.

Dates et actions importantes pour la Nouvelle-France : Entre 1604 et 1616, Champlain participe à des expéditions en Amérique, qui l'amènent à explorer le territoire. En 1608, il fonde Québec. C'est lui qui a favorisé l'établissement d'une colonie française sur les rives du Saint-Laurent. Champlain est cartographe de métier. Il trace des cartes et rédige des récits de ses voyages.

a) Pourquoi dit-on que Samuel de Champlain est le fondateur de la Nouvelle-France ?

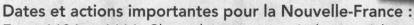

_____

b) Samuel de Champlain a laissé des renseignements précieux qui ont guidé d'autres personnes après lui. Dans quels documents trouve-t-on ces renseignements ?

_____

Dossier 2   Des personnages importants

Activité **1** # La galerie des portraits

Je découvre des personnages importants pour la Nouvelle-France.

> **B**eaucoup de personnages importants ont marqué, par leurs actions, la Nouvelle-France entre 1645 et 1745. Tu vas faire la connaissance de plusieurs de ces personnages.

La galerie des portraits

Paul de Chomedey
de Maisonneuve.

Jeanne Mance.

Marguerite Bourgeoys.

Kondiaronk.

René Robert Cavelier
de La Salle.

(suite, p. 25)

Pierre-Esprit Radisson.

Gilles Hocquart.

Louis de Buade de Frontenac.

Monseigneur de Laval.

Louis Hébert et Marie Rollet.

Jean Talon.

1 La galerie des portraits présente des personnages importants qui ont marqué la Nouvelle-France entre 1645 et 1745.

a) Fais d'abord la connaissance de ces personnages en lisant leurs noms.

b) Connais-tu d'autres personnages de cette époque ? Nomme-les.

_____

_____

(suite, p. 26)

Nom : _____ Date : _____

② Choisis trois personnages de la galerie des portraits et écris leurs noms.

_____

_____

_____

③ Fais une courte recherche sur chaque personnage, puis remplis les trois fiches d'identité qui suivent. Pour faire ta recherche, consulte des dictionnaires, des encyclopédies, des livres ou des sites Internet.

④ Présente les résultats de ta recherche aux autres élèves de la classe.

Fiches d'identité des personnages

1. Nom du personnage : _____

2. Année de sa naissance : _____ Année de son décès : _____

3. Pays d'origine : _____

4. Métier ou occupation : _____

5. Dates et actions importantes pour la Nouvelle-France :

_____

_____

_____

_____

6. C'est à toi de décider quelle année tu placeras au début de la ligne du temps et quelle année tu placeras à la fin.

Quelques dates et actions importantes de la vie de :

_____

(suite, p. 27)

Nom : _____ Date : _____

1. Nom du personnage : _____

2. Année de sa naissance : _____ Année de son décès : _____

3. Pays d'origine : _____

4. Métier ou occupation : _____

5. Dates et actions importantes pour la Nouvelle-France :

_____

_____

_____

_____

6. C'est à toi de décider quelle année tu placeras au début de la ligne du temps et quelle année tu placeras à la fin.

Quelques dates et actions importantes de la vie de :

_____

---

1. Nom du personnage : _____

2. Année de sa naissance : _____ Année de son décès : _____

3. Pays d'origine : _____

4. Métier ou occupation : _____

5. Dates et actions importantes pour la Nouvelle-France :

_____

_____

_____

_____

6. C'est à toi de décider quelle année tu placeras au début de la ligne du temps et quelle année tu placeras à la fin.

Quelques dates et actions importantes de la vie de :

_____

Activité 2 Des actions d'éclat

À l'aide d'arguments, je démontre l'importance des actions de certains personnages sur la Nouvelle-France.

> 𝒫ar leurs actions, certains personnages ont influencé la Nouvelle-France entre 1645 et 1745. Leurs actions ont été marquantes.

1 Nomme des actions importantes faites par des personnages de la Nouvelle-France. Inspire-toi des exemples ci-dessous.

   a) Pour trouver ces actions, tu peux consulter des encyclopédies ou Internet, ou utiliser tes connaissances.

   b) Écris les actions que tu as trouvées dans les rectangles.

Exemples : Samuel de Champlain fonde Québec.
          Marguerite Bourgeoys ouvre la première école à Ville-Marie.

(suite, p. 29)

_____

_____

_____

_____

_____

_____

_____

_____

_____

_____

2 Parmi les actions que tu viens d'énumérer, quelle est l'action que tu considères comme la plus importante pour la Nouvelle-France ?

_____

3 Explique pourquoi tu as fait ce choix, en trouvant de bons arguments.

_____

_____

_____

_____

4 Partage ton point de vue avec le reste de la classe.

Dossier 2   *D*es personnages importants

Activité **3** **Toujours plus loin !**

Je découvre les voyages de quelques explorateurs de la Nouvelle-France
en traçant leurs expéditions sur une carte.

> **L**es explorateurs ont permis à la Nouvelle-France de se développer.

▶ Les deux fiches de voyage suivantes contiennent des renseignements
sur des expéditions menées par des explorateurs de la Nouvelle-
France. Voici ce que tu dois faire.

  a) Lis les fiches, puis observe la carte de la page suivante.

  b) Trace chaque itinéraire sur la carte. L'itinéraire de Jolliet
  et Marquette est déjà commencé. Tu dois le continuer.

  c) Utilise une couleur différente par itinéraire et reporte
  dans la légende les couleurs que tu as choisies.

Fiches de voyage

Louis Jolliet et Jacques Marquette

En 1673, l'explorateur Louis Jolliet et le missionnaire Jacques Marquette
quittent Michilimackinac. Ils désirent explorer le fleuve Mississippi.
En cours de route, ils découvrent la rivière Missouri et suivent
le fleuve Mississippi jusqu'à la rivière Arkansas. Ils décident de revenir
sur leurs pas et découvrent la rivière Ohio et la rivière Illinois.
Ils reviennent ensuite à leur point de départ.

René Robert Cavelier de La Salle

Parti de la pointe du lac Ontario, René Robert Cavelier de La Salle
traverse ce lac, puis le lac Érié. Il parcourt ensuite le lac Huron vers le
nord, descend le lac Michigan et se rend jusqu'au fleuve Mississippi.
Il navigue sur le fleuve jusqu'au golfe du Mexique, qu'il atteint en 1682.

(suite, p. 31)

Carte 2 **Les itinéraires de quelques explorateurs.**

Baie
d'Hudson

Lac Supérieur

Michilimackinac

Lac
Huron

Québec

Ville-Marie
[Montréal]

Fleuve Saint-Laurent

Lac
Michigan

Lac
Ontario

Riv. Missouri

Riv. Illinois

Lac Érié

Riv. Ohio

Riv. Arkansas

Fleuve Mississippi

Océan
Atlantique

Légende

Itinéraire de
Jolliet et Marquette

Suite de l'itinéraire de
Jolliet et Marquette

Itinéraire de
Cavelier de La Salle

0   500   1000 km

Golfe du Mexique

 Activité **4** **Mettre de l'ordre dans ses idées**

J'utilise une méthode de travail efficace pour réaliser une tâche.

Il est indispensable de savoir comment s'y prendre pour réussir à faire un travail.

---

1 Dans cette activité, tu dois réaliser une tâche précise. Il y a des étapes à franchir pour y arriver.

a) Prends d'abord connaissance de la tâche à réaliser. Tu dois :

> **Inviter en classe une personne à venir parler d'un personnage important.**

b) Lis attentivement l'encadré ci-dessous, intitulé « Une méthode de travail efficace ». Cela t'aidera à accomplir la tâche.

Une méthode de travail efficace

1. Je m'assure que je comprends la tâche à réaliser.
Au besoin, je pose des questions.

2. Je dresse une liste de tout ce qu'il y a à faire.

3. Je révise ma liste : • J'ajoute les choses que j'ai oubliées.
• Je corrige ce qui n'est pas clair.
• J'enlève ce qui est inutile.

(suite, p. 33)

2 Après avoir bien compris la tâche, prépare une liste des choses à faire pour la réaliser.

Exemple d'une chose à faire : trouver une personne en demandant de l'aide à des adultes.

_____

_____

_____

_____

_____

_____

_____

_____

_____

_____

_____

_____

_____

_____

_____

_____

_____

_____

_____

_____

(suite, p. 34)

3 Avec un ou une camarade, révise ta liste.

- Souligne les éléments qui te semblent indispensables.

- Ajoute les éléments que tu as oubliés.

- Corrige ce qui n'est pas clair.

- Enlève ce qui est inutile.

4 Place les éléments de ta liste en ordre, en les numérotant.
N'oublie pas que certaines choses peuvent se faire en même temps :
donne-leur alors le même numéro.

(suite, p. 35)

5) Présente ta liste aux autres élèves de la classe ou à ton enseignante ou ton enseignant. À partir de leurs commentaires, fais les corrections nécessaires. Transcris maintenant ta liste au propre.

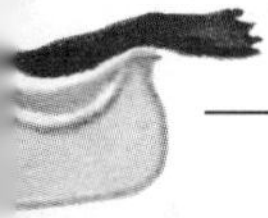

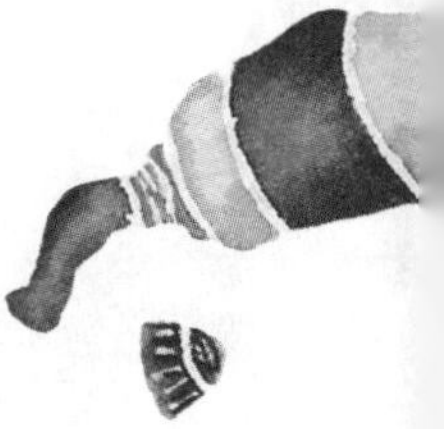

_____

_____

_____

_____

_____

_____

_____

_____

_____

_____

_____

_____

_____

_____

_____

_____

_____

_____

_____

_____

Activité **5** D'hier à aujourd'hui

Je comprends comment il est possible de connaître des événements
et des personnages du passé.

---

*Grâce au travail des historiens, il est possible de connaître beaucoup de choses sur
le passé. Par contre, cela serait impossible si l'on ne disposait pas de moyens pour
trouver l'information.*

---

1 Les phrases suivantes contiennent des moyens de connaître le passé.
Entoure les mots qui représentent ces moyens.

a) Radisson était un explorateur et un coureur des bois.
Il a écrit des récits de ses voyages.

b) À la maison Saint-Gabriel, dans le Vieux-Montréal, on peut voir
un portrait authentique de Marguerite Bourgeoys.

c) Certains documents et une table qui ont appartenu à Jean Talon
se trouvent dans un musée.

d) Un monument à la mémoire de l'explorateur Louis Jolliet se trouve
sur la façade du Parlement à Québec.

e) Samuel de Champlain a tracé des cartes de ses explorations
en Nouvelle-France.

f) Certaines bibliothèques contiennent des livres et d'autres
documents précieux sur des événements et des personnages
du passé.

(suite, p. 37)

Nom : _____ Date : _____

2 Cherche, dans ton environnement, des écoles, des rues, des ponts, des cours d'eau, des parcs ou d'autres endroits qui portent le nom d'une personne. Essaie de trouver qui sont trois de ces personnes.

_____
_____
_____
_____
_____
_____

3 Imagine que les gens du futur désirent obtenir de l'information sur nous. Énumère cinq moyens qui pourraient les aider à trouver des renseignements.

Exemple : Les photographies

- _____
- _____
- _____
- _____
- _____
- _____

Des **techniques**

Activité 6 Le secret des mots

🎯 Je découvre que certains mots permettent de savoir où et quand les événements se sont passés.

> **Certains mots donnent des indices sur les lieux et sur le temps. Ces mots sont précieux. Il faut savoir les reconnaître pour repérer les informations géographiques et historiques dans un texte.**

1️⃣ Trouve des mots qui donnent des indications sur les lieux et sur le temps. Écris chaque mot trouvé dans la bonne colonne.

Lieux (où ?)	Temps (quand ?)
Exemples : À Chicoutimi	Exemples : En 1645
Dans un parc	Hier
_____	_____
_____	_____
_____	_____
_____	_____
_____	_____
_____	_____

2️⃣ À partir de l'illustration de la page suivante et du texte qui l'accompagne, écris et illustre une courte histoire. **Attention !** Tu dois écrire ton histoire en suivant les consignes ci-dessous.

   a) Inclus dans ton histoire au moins cinq mots qui indiquent le lieu et cinq mots qui indiquent le temps.

   b) Entoure les mots qui te renseignent sur le lieu et souligne les mots qui te renseignent sur le temps.

(suite, p. 39)

Quelle aventure !

En mai, le bateau *Bel-Aventure*
quitte la rive…

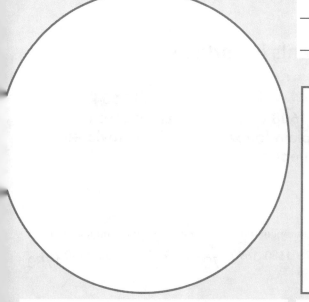

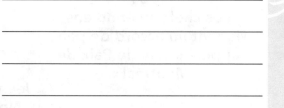

Des techniques

Activité **7** Des événements bien ordonnés

 J'utilise correctement une ligne du temps.

> Il est important de savoir placer correctement des événements sur une ligne du temps. Cela permet de bien voir l'ordre dans lequel les événements se sont passés.
>
> Il est également utile de savoir calculer des durées. Cela permet de connaître le temps qui s'est écoulé entre deux événements.

1 Des événements importants de l'histoire de la Nouvelle-France sont présentés ci-dessous. Relie par un trait de couleur différente chaque événement à la ligne du temps.

Des événements importants

1642 Maisonneuve fonde Ville-Marie.

1608 Champlain fonde Québec.

1634 Laviolette fonde Trois-Rivières.

1600 1610 1620 1630 1640 1650 1660 1670 1680 1690 1700 1710 1720 1730 1740 1750

1701 Les chefs amérindiens signent un accord de paix, appelé «Grande Paix de Montréal».

1665 Jean Talon arrive en Nouvelle-France.

1731 Gilles Hocquart est nommé intendant.

(suite, p. 41)

2 À l'aide de la ligne du temps, réponds aux questions suivantes.

a) Combien d'années se sont écoulées entre la fondation de Québec et la fondation de Ville-Marie ?

_____

b) Lequel des événements suivants est arrivé en premier : la fondation de Ville-Marie ou la fondation de Trois-Rivières ?

_____

c) Combien de temps s'est écoulé entre le premier événement et le dernier événement de la ligne du temps ?

_____

d) Calcule le temps qui s'est écoulé entre la fondation de Trois-Rivières et la Grande Paix de Montréal.

_____

3 À l'aide des indications suivantes, complète la ligne du temps ci-dessous. La ligne du temps couvre la période allant de 1600 à 2000.

a) Fais des espaces égaux séparés par des traits. Chaque espace vaut 50 ans. Écris l'année correspondante sous chaque trait.

b) Donne un titre à la ligne du temps.

Titre : _____

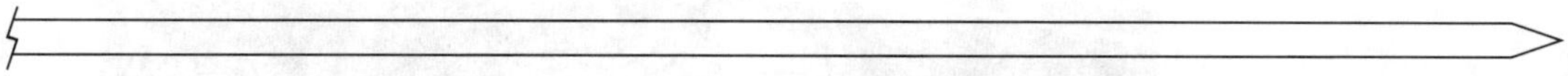

Activité 8 Jeu d'énigmes

1 Avant de faire l'activité, tu peux revoir les illustrations ou les textes des autres activités du dossier 2.

Amuse-toi à deviner les noms de personnages historiques en jouant au jeu suivant.

Contexte du jeu

Ce jeu se prépare et se joue en petit groupe.

Matériel

Fiches en carton (12 par groupe)
Bandeau ou foulard (1 par groupe)
Plat ou sac (1 par groupe)

Préparation

1. Écrivez les noms des personnages de la galerie des portraits (pages 23 à 25) sur les fiches en carton : un seul nom par fiche.

2. Déposez les fiches dans le plat ou le sac.

(suite, p. 43)

3. Préparez des questions à poser aux autres joueurs. Ces questions vous aideront à trouver les noms des personnages. On doit pouvoir répondre aux questions par « oui » ou par « non ».

Attention ! Mémorisez les questions, car vous aurez les yeux bandés durant le jeu.

Exemples de questions : Est-ce un homme ?
Est-ce un explorateur ?
A-t-il fondé Ville-Marie ?

_____

_____

_____

_____

_____

_____

_____

_____

_____

_____

_____

_____

_____

(suite, p. 44)

Règles du jeu

1. Le joueur le plus jeune commence.

2. À tour de rôle, chaque joueur se fait bander les yeux et tire une fiche.

3. Le joueur qui a les yeux bandés tient la fiche sur son front pour que les autres joueurs puissent bien la voir.

4. Il essaie de deviner le nom du personnage écrit sur la fiche en posant des questions. Il a droit à cinq questions. Les autres élèves répondent par « oui » ou par « non ».

> **Voici comment compter les points.**
> * Énigme résolue à l'aide d'une seule question : 10 points.
> * Énigme résolue avec 2 ou 3 questions : 5 points.
> * Énigme résolue avec 4 questions : 2 points.
> * Énigme résolue avec 5 questions : 1 point.

5. Si l'énigme n'est pas résolue en cinq questions, l'élève qui a les yeux bandés perd son tour et ne gagne pas de point. Le jeu se poursuit avec un autre joueur. Si l'énigme est résolue, l'élève qui a les yeux bandés tente de deviner le nom d'un autre personnage.

6. Le joueur qui a accumulé le plus de points gagne.

2 Écris les noms des personnages que tu as devinés et le nombre de points gagnés durant le jeu.

Noms des personnages	Points gagnés
_____	_____
_____	_____
_____	_____
_____	_____

3 Combien de points as-tu accumulés ?

_____

Dossier 3

Des changements chez les Iroquoiens

La société iroquoienne entre 1500 et 1745

1500-1745

0   500   1000   1500   2000

Entre 1500 et 1745, la société iroquoienne a beaucoup changé, entre autres à cause de l'arrivée des Français.

Notre société a beaucoup changé depuis l'arrivée des Français !

Nous utilisons des fusils, des haches et des couteaux. Nous avons aussi des couvertures et d'autres objets utiles...

Nous sommes un soir de 1745...

C'est vrai, mais... les Français nous ont aussi apporté des maladies que nous ne savons pas comment soigner.

Nous avons échangé nos fourrures contre des marchandises de France.

Beaucoup des nôtres en sont morts !

1 Selon toi, quelle est la cause principale des changements chez les Iroquoiens entre 1500 et 1745 ?

_____

_____

2 Nomme quelques changements survenus chez les Iroquoiens entre 1500 et 1745.

_____

_____

_____

Dossier 3   Des changements chez les Iroquoiens

Activité **1** **Je te prête... Tu me prêtes...**

Je constate des changements dans le mode de vie des Iroquoiens.

Entre 1500 et 1745, la société iroquoienne a beaucoup changé, surtout à cause de l'arrivée des Français. Au contact des Iroquoiens, les Français ont eux aussi modifié leur façon de vivre. Toutefois, les historiens s'entendent pour dire que les changements ont été beaucoup plus importants chez les Iroquoiens que chez les Français.

1 Observe les illustrations **A** et **B**.

A **Un Iroquoien vers 1500**

B **Un Iroquoien vers 1745**

2 Qu'est-ce que les Iroquoiens possèdent vers 1745 et qu'ils n'avaient pas vers 1500 ?

_____

_____

_____

_____

_____

(suite, p. 47)

3 Lis les informations contenues dans les bulles, puis dessine un colon français qui a adopté certains éléments du mode de vie des Iroquoiens.

L'hiver, les colons français utilisent des raquettes pour se déplacer.

Les colons se déplacent en canot.

Les coureurs des bois portent des vêtements faits de peaux d'animaux qui sont chauds et confortables.

Le toboggan permet de transporter de lourdes charges sur la neige.

Les colons français portent des mitaines et des mocassins comme les Iroquoiens.

Les colons ont pris l'habitude de fumer du tabac.

Le sirop d'érable fait maintenant partie de l'alimentation des colons.

La culture de la courge, du maïs et du haricot amène les colons à modifier leur alimentation.

4 Selon toi, qu'est-ce qui fait que les Iroquoiens et les colons français s'influencent les uns les autres ?

_____

_____

_____

Activité **2** **Un chez-soi différent**

🎯 Je découvre que les Iroquoiens, vers 1745, n'occupent pas le même territoire que vers 1500.

Entre 1500 et 1745, le territoire occupé par les Iroquoiens a beaucoup changé. Vers 1500, des Iroquoiens habitent sur les rives du fleuve Saint-Laurent et des Grands Lacs. Vers 1745, le territoire des Iroquoiens est beaucoup moins grand. Les Iroquoiens vivent surtout près du lac Ontario et dans quelques villages situés le long des rives du fleuve Saint-Laurent.

---

1 Observe les cartes 3 et 4 et fais les activités demandées.

Carte 3 **Le territoire des Iroquoiens vers 1500.**

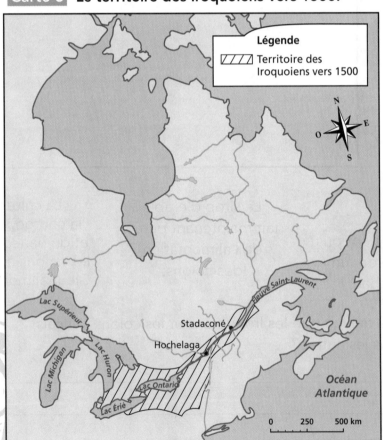

a) Sur la carte 3, colorie en vert le territoire des Iroquoiens vers 1500.

(suite, p. 49)

Nom : _____ Date : _____

Carte 4 **Le territoire des Iroquoiens vers 1745.**

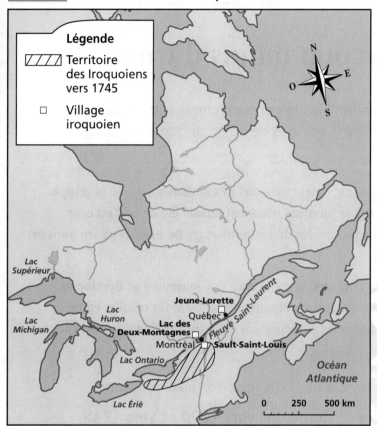

b) Sur la carte 4, colorie en vert le territoire des Iroquoiens vers 1745 et entoure les villages iroquoiens.

2 Réponds aux questions suivantes à l'aide des cartes 3 et 4.

a) Vers 1500, trois des Grands Lacs touchent au territoire iroquoien. Nomme-les.

_____

b) Est-ce le cas vers 1745 ? Explique ta réponse.

_____

c) Nomme deux villages situés sur le territoire iroquoien vers 1500.

_____

d) Nomme les villages situés sur le territoire iroquoien vers 1745.

_____

3 Donne une différence entre le territoire des Iroquoiens vers 1500 et vers 1745.

_____

_____

 **3 Beaucoup moins d'Iroquoiens**

Je découvre que la population iroquoienne a changé entre 1500 et 1745, puis j'apprends à reconnaître les causes de ces changements.

> À leur arrivée, les Français apportent avec eux des maladies comme la grippe, la rougeole et la variole. Les Iroquoiens n'avaient jamais été en contact avec ces maladies ; ils sont donc incapables de les combattre. De nombreux Iroquoiens meurent de ces maladies.
>
> De plus, avec l'arrivée des Français, le commerce des fourrures se développe. Les ententes entre les Français et les Iroquoiens aggravent les conflits entre groupes autochtones. Des guerres s'intensifient et beaucoup d'Iroquoiens sont tués.

▶ Observe le graphique suivant, puis réponds aux questions.

Le nombre d'Iroquoiens vers 1500 et vers 1745

100 000 Iroquoiens

10 000 Iroquoiens

Vers 1500   Vers 1745

a) Quelle différence y a-t-il dans la population iroquoienne entre 1500 et 1745 ?

_____

_____

b) Donne deux raisons pour expliquer ce changement dans la population.

_____

_____

_____

Activité 4 **Pas de problème !**

J'apprends à utiliser une démarche pour résoudre un problème.

𝒰ne démarche efficace permet de résoudre des problèmes plus facilement.

---

1 Lis le problème que tu as à résoudre.

Voici un objet qui était utilisé par les Iroquoiens vers 1800. Celui-ci témoigne de leur manière de vivre. Les Iroquoiens aimaient beaucoup cet objet.

Tu dois découvrir ce qu'est cet objet, en quoi il est fait, à quoi il sert et comment il a évolué.

Tu présentes ensuite tes découvertes à un ou une camarade.

2 Pour résoudre ce problème, suis les étapes suivantes.

a) Dis le problème dans tes mots.

_____

_____

_____

(suite, p. 52)

b) Divise le problème en étapes. Je dois :

Exemple : Premièrement : trouver ce qu'est l'objet.

Deuxièmement : _____

Troisièmement : _____

Quatrièmement : _____

Cinquièmement : présenter le résultat de mes recherches.

c) En lisant le problème, quelles informations as-tu trouvées inutiles ? Explique ta réponse.

_____

_____

d) As-tu déjà eu à résoudre ce genre de problème ? Si oui, comment as-tu procédé ?

_____

_____

e) Fais la liste des moyens que tu peux utiliser pour trouver des informations, puis entoure les moyens que tu as choisis. Je peux :

Exemple : chercher dans le manuel *Sur la piste* ou dans un autre manuel ;

- _____
- _____
- _____
- _____
- _____

f) Dresse une liste des différentes façons de présenter ton travail, puis entoure la façon que tu choisis. Je peux faire :

- _____
- _____
- _____
- _____
- _____

(suite, p. 53)

g) Note tes informations ci-dessous à mesure que tu les trouves.

Mes informations
Premièrement :
C'est un porte-bébé.

Deuxièmement :

_____

_____

_____

Troisièmement :

_____

_____

_____

Quatrièmement :

_____

_____

_____

3 Fais le point sur ta démarche.

a) Est-ce que les informations que tu as trouvées
te permettent de résoudre le problème ? _____

Au besoin, apporte des corrections.

b) Compare tes informations à celles d'un ou d'une camarade.
Est-ce que tes informations te semblent bonnes ? Explique ta réponse.

_____

_____

Activité 5 La vie au quotidien

Je constate qu'un changement entraîne une conséquence.

> **E**ntre 1500 et 1745, la société iroquoienne connaît des changements.
> **Les Iroquoiens adoptent des habitudes de vie qui viennent des colons français.**

1 **a)** Regarde les illustrations suivantes. Elles présentent des changements qui ont eu lieu dans la vie des Iroquoiens entre 1500 et 1745.

(suite, p. 55)

Nom : _____   Date : _____

(suite, p. 56)

b) À l'aide des illustrations, découvre les changements qui sont survenus dans la vie des Iroquoiens. Pour ce faire, complète les phrases en utilisant les mots de la liste suivante.

• terre cuite	• cheval	• poulet
• maisons de bois	• missionnaires	• peaux d'animaux
• fusils	• écorce	• maisons longues
• vêtements et des couvertures en laine	• chaudrons en métal	
• porc	• alcool	

- Les Iroquoiens commencent à porter des _____ _____. Ceux-ci sèchent plus rapidement que les vêtements en _____.

- Les _____ convertissent les Iroquoiens à la religion chrétienne. Plusieurs Iroquoiens ajoutent des éléments de la religion chrétienne à leurs croyances.

- Comme les colons français, les Iroquoiens mangent maintenant de la viande de _____ et du _____. Ils vont donc moins à la chasse.

- Les Iroquoiens emménagent de plus en plus dans des _____ semblables à celles des colons. Celles-ci sont plus faciles à chauffer que les _____.

(suite, p. 57)

- Les _____ remplacent de plus en plus les contenants d'_____ et de _____. La cuisson des repas est plus facile.

- Les Iroquoiens découvrent le _____. Cela facilite le transport du bois.

- Au contact des colons français, les Iroquoiens se mettent à utiliser des _____. Ces derniers sont plus efficaces que les arcs et les flèches à la guerre et à la chasse.

- Les Iroquoiens découvrent l'_____ apporté par les Français. Leur comportement change.

2 Au numéro précédent, tu as décrit les changements chez les Iroquoiens. Selon toi, quelle est la conséquence de ces changements sur la société iroquoienne ?

_____

_____

_____

_____

_____

_____

Activité 6 **Une société différente !**

Je comprends que la société iroquoienne de 1745 est très différente de celle de 1500.

> **L**a société iroquoienne de 1745 n'est plus la même qu'en 1500, principalement à cause de l'arrivée des Français.

1 Utilise tes connaissances pour illustrer la société des Iroquoiens vers 1500 : dessine leurs maisons, leurs habitudes de vie, leurs traditions, etc. Aide-toi des informations suivantes.

Vers 1500, les Iroquoiens trouvent dans la nature ce qui est nécessaire pour répondre à leurs besoins. Ils ont des coutumes et des traditions qui leur sont propres.

(suite, p. 59)

2) Illustre la société iroquoienne vers 1745. Aide-toi, ici aussi, des informations suivantes.

Les Iroquoiens, vers 1745, ont adopté des éléments du mode de vie des colons français.

3) Que peux-tu dire de la société iroquoienne vers 1745?

_____

_____

_____

_____

_____

Des **techniques**

Activité **7** Les secrets d'un objet

🎯 Je découvre comment interroger un objet.

> Les objets témoignent de la vie d'une société. Vers 1500, les Iroquoiens utilisaient les ressources de la nature (os, coquillages, argile et écorce) pour fabriquer leurs objets.

1 Observe l'illustration ci-dessous.

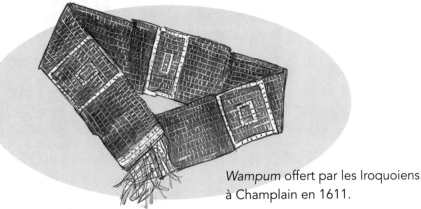

Wampum offert par les Iroquoiens à Champlain en 1611.

2 En te servant de tes connaissances sur les Iroquoiens et en faisant une courte recherche dans des encyclopédies ou dans Internet, réponds aux questions suivantes.

a) Qu'est-ce qu'un *wampum* ?

_____

_____

b) Avec quoi est-il fait ?

_____

_____

(suite, p. 61)

c) Selon toi, est-ce qu'il est fait à la main ou à la machine ?

_____

_____

d) À quoi sert-il ?

_____

_____

_____

_____

e) Qui l'utilise ?

_____

_____

f) Est-ce un objet ancien ?

_____

g) Est-ce qu'il est encore utilisé de nos jours ?

_____

_____

h) Est-ce qu'on trouve cet objet dans des musées ?

_____

_____

3 Dessine un *wampum*.

Des **techniques**

Activité 8 Les mystères d'une image

 J'apprends à repérer des informations dans une illustration.

> **Pour repérer et retenir un grand nombre d'éléments d'une illustration, on peut regrouper ces éléments par catégories.**

1 Observe les illustrations ci-dessous, puis classe-les par catégories.

(suite, p. 63)

2 Trouve cinq catégories qui te permettront de regrouper les différents éléments illustrés. Reporte ces catégories dans le tableau ci-dessous.

- _____
- _____
- _____
- _____
- _____

3 Trouve le plus d'éléments possible dans chacune des catégories.

Animaux				

4 Ferme ton *Cahier d'apprentissage*. Sur une feuille, écris les catégories et les éléments dont tu te rappelles. Vérifie tes réponses. Compare ton résultat avec celui d'un ou d'une autre élève.

RÉVISION   Dossier 3 : Des changements chez les Iroquoiens

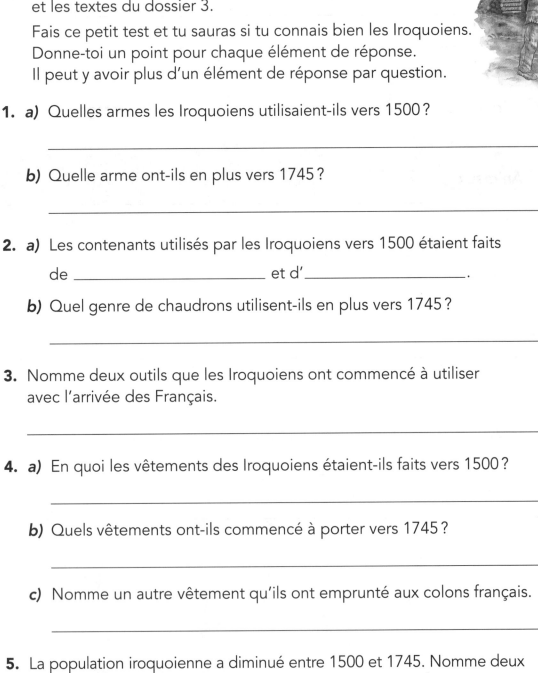

Activité 9 Es-tu « iroquoilogue » ?

▶ Avant de faire l'activité, tu peux revoir les illustrations et les textes du dossier 3.

Fais ce petit test et tu sauras si tu connais bien les Iroquoiens. Donne-toi un point pour chaque élément de réponse. Il peut y avoir plus d'un élément de réponse par question.

1. a) Quelles armes les Iroquoiens utilisaient-ils vers 1500 ?

_____

b) Quelle arme ont-ils en plus vers 1745 ?

_____

2. a) Les contenants utilisés par les Iroquoiens vers 1500 étaient faits de _____ et d'_____.

b) Quel genre de chaudrons utilisent-ils en plus vers 1745 ?

_____

3. Nomme deux outils que les Iroquoiens ont commencé à utiliser avec l'arrivée des Français.

_____

4. a) En quoi les vêtements des Iroquoiens étaient-ils faits vers 1500 ?

_____

b) Quels vêtements ont-ils commencé à porter vers 1745 ?

_____

c) Nomme un autre vêtement qu'ils ont emprunté aux colons français.

_____

5. La population iroquoienne a diminué entre 1500 et 1745. Nomme deux causes de cette diminution.

_____

(suite, p. 65)

6. *a)* Vers 1500, les Iroquoiens habitent dans des _____

_____.

    b) Vers 1745, les Iroquoiens commencent à habiter dans

    des _____.

7. Au contact des Iroquoiens, les colons français ont eux aussi changé certaines de leurs habitudes de vie. Nomme trois éléments que les colons ont empruntés aux Iroquoiens.

_____

_____

_____

8. Observe la carte ci-contre.
Écris le nom des villages iroquoiens
vers 1745.

_____

_____

_____

Légende

////// Territoire
des Iroquoiens
vers 1745

□ Village
iroquoien

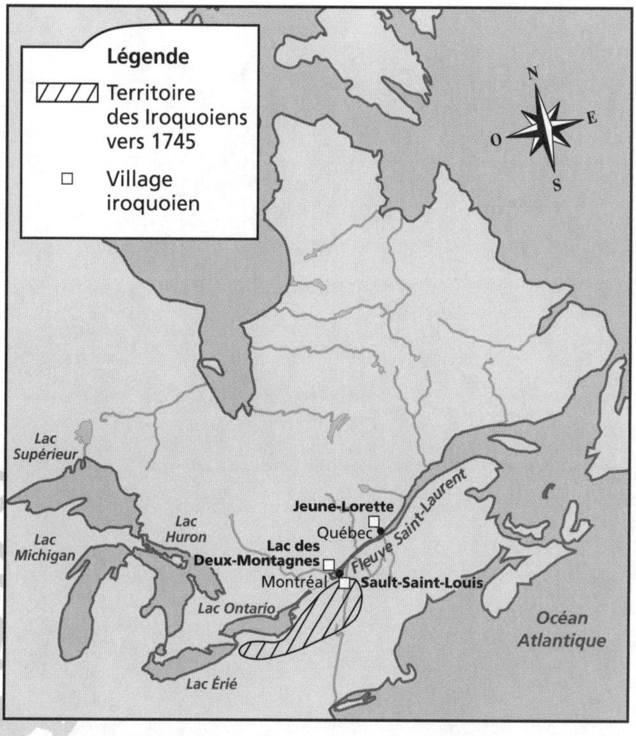

Vérifie tes réponses avec ton enseignante ou ton enseignant
et compte tes points.

• De 19 à 22 points : tu es un « iroquoilogue » **expert**.

• De 15 à 18 points : tu es un « iroquoilogue » **compétent**.

• De 8 à 14 points : tu es un « iroquoilogue » **en recherche**.

• De 0 à 7 points : il te reste beaucoup de travail à faire
avant de devenir un « iroquoilogue ».

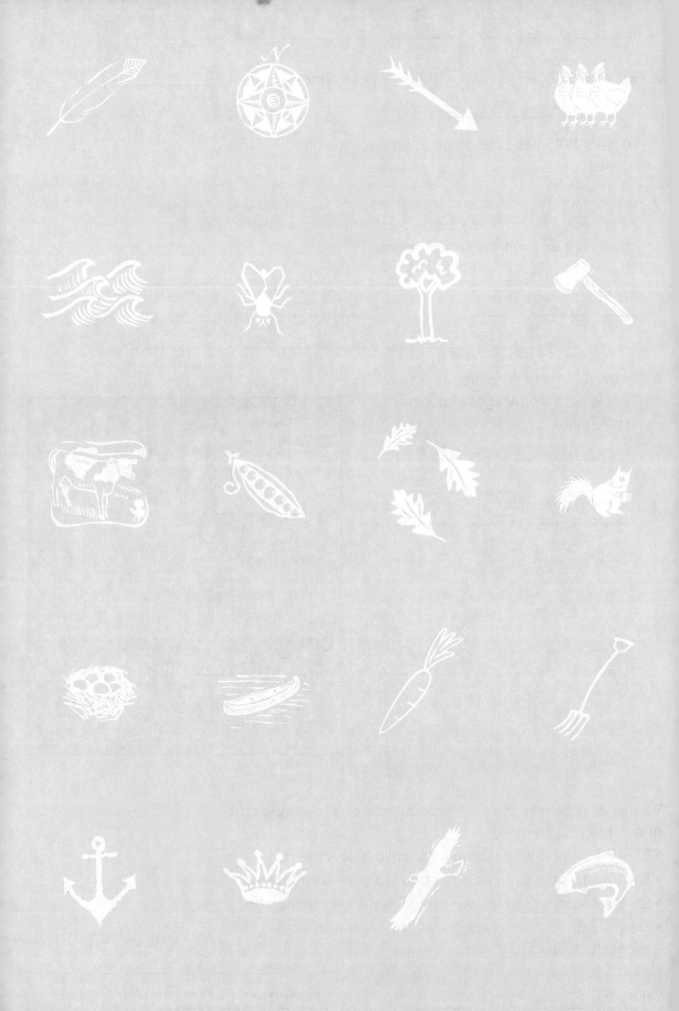

Nom : _____ Date : _____

Dossier 4

Une mosaïque de colonies

La Nouvelle-France et les Treize colonies vers 1745

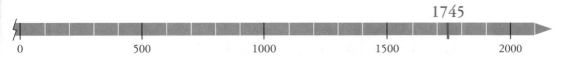

1745

0   500   1000   1500   2000

Vers 1745, la Nouvelle-France n'est pas la seule colonie en Amérique du Nord.
L'Angleterre possède aussi des colonies. Ce sont les colonies anglo-américaines.

Carte 5 **La Nouvelle-France et les Treize colonies vers 1745.**

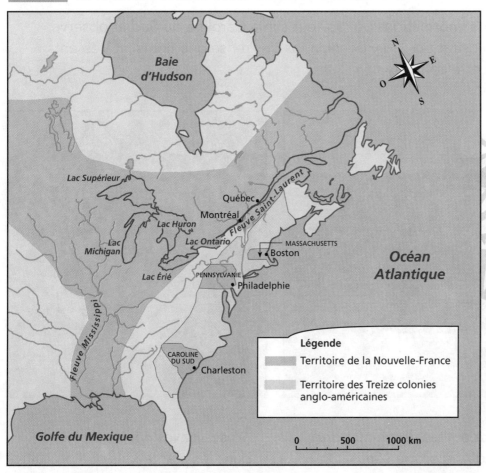

▶ Observe la carte 5, puis compare le territoire de la Nouvelle-France
avec celui des colonies anglo-américaines. Quel territoire est
le plus grand ?

_____

Activité **1** **À la découverte
de la Caroline du Sud**

Je découvre une colonie en Amérique du Nord, la Caroline du Sud.

Vers 1745, l'Angleterre possède 13 colonies en Amérique du Nord.
Parmi ces colonies, il y a la Caroline du Sud.

1 Lis les informations qui portent sur la Caroline du Sud et observe
les illustrations. Tu y découvriras des renseignements intéressants
sur cette colonie.

Les propriétaires de plantations
arrivent d'Angleterre vers 1720.
Ils vivent sur leurs terres, mais
ils ne travaillent pas dans
les champs. Les plantations sont
de grands domaines agricoles.
Elles sont situées près des cours
d'eau.

Des esclaves noirs travaillent
dans les plantations où l'on cultive
le tabac, le riz ou l'indigo. Les Noirs
forment plus de la moitié de
la population de la Caroline
du Sud.

(suite, p. 69)

En Caroline du Sud, le climat est chaud. On peut cultiver la terre presque toute l'année. Les récoltes sont envoyées par bateau à l'Angleterre. Le transport maritime se fait à l'année puisque les cours d'eau ne gèlent pas.

Vers 1745, il y a 54 000 habitants en Caroline du Sud. Le gouverneur est satisfait du développement de la colonie, car l'économie va bien. Sa maison est magnifique.

2 Compare la Caroline du Sud à la Nouvelle-France. **Attention !** Tu dois te servir de ce que tu sais sur la Nouvelle-France.

a) Trouve deux ressemblances.

- _____
- _____

b) Trouve trois différences.

- _____
  _____
- _____
  _____
- _____
  _____

Activité **2** **La Pennsylvanie : une colonie ouverte sur le monde**

Je découvre une autre colonie en Amérique du Nord, la Pennsylvanie.

> **P**armi les 13 colonies que l'Angleterre possède en Amérique du Nord, il y a aussi la Pennsylvanie.

1 Les illustrations qui suivent montrent des éléments de la Pennsylvanie. Observe-les attentivement.

    a) Lis les petits textes qui suivent les illustrations, à la page 71.

    b) Mets le numéro du texte à côté de la bonne illustration.

La Pennsylvanie vers 1745

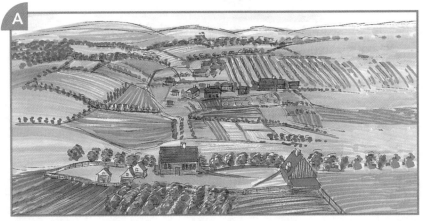

A

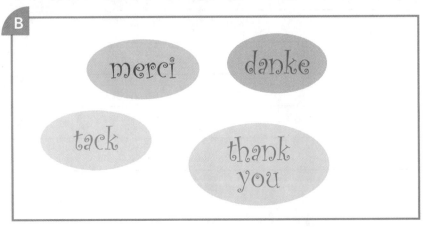

B

merci   danke

tack   thank you

(suite, p. 71)

_____

_____

1 En Pennsylvanie, les terres sont fertiles. Cependant, les Appalaches, très proches, limitent l'agriculture.

2 Le climat doux permet au port de Philadelphie d'être ouvert presque toute l'année au commerce et à la navigation.

3 Tous les habitants de la Pennsylvanie parlent l'anglais, mais ils parlent aussi la langue de leur pays d'origine, par exemple le français, l'allemand et le suédois.

4 Les fermes de la Pennsylvanie sont souvent situées sur de petites collines. Elles sont très fertiles. On y trouve des arbres fruitiers en quantité.

2 Trouve deux différences entre la Nouvelle-France et la Pennsylvanie. Utilise ce que tu sais sur la Nouvelle-France.

- _____

_____

- _____

_____

Activité **3** Le Massachusetts, une colonie
en expansion

Je découvre une autre colonie en Amérique du Nord, le Massachusetts.

> **L**e Massachusetts fait partie des 13 colonies que l'Angleterre possède en Amérique
> du Nord.

1 Fais connaissance avec une autre colonie, le Massachusetts.
Lis la lettre ci-dessous et observe les illustrations.

*Le colonel Thompson écrit à sa femme Jane.
Il est en mission secrète en Nouvelle-France.*

13 février 1745

Ma chère Jane,

*J'espère que tout va bien à Boston. Je reviens d'une expédition
secrète le long du Richelieu, en Nouvelle-France. Cette expédition
a été très difficile. Il fait plus froid qu'à Boston. L'hiver, les cours d'eau
gèlent, ce qui rend la navigation impossible.*

*Les contacts avec les colons
de la Nouvelle-France sont difficiles.
Peu d'entre eux parlent l'anglais.
Le territoire de la Nouvelle-France
est beaucoup plus grand que nos treize
colonies, mais la population est moins
nombreuse. C'est ce qui explique qu'il
y a moins de soldats que chez nous.
Je t'envoie un dessin d'un soldat
français et d'un soldat anglais.*

Un soldat anglais.

Des soldats français.

(suite, p. 73)

D'une certaine façon, une partie du territoire de la Nouvelle-France ressemble au nôtre. Cette partie dont je te parle est constituée des basses-terres du Saint-Laurent, entre les Appalaches et les Laurentides. Cette région est traversée par le fleuve Saint-Laurent. Chez nous, la plaine s'ouvre sur l'océan Atlantique. Les Appalaches longent aussi le Massachusetts.

Tout comme chez nous, les habitants de la Nouvelle-France font de l'agriculture. L'organisation des terres est cependant différente. En Nouvelle-France, les terres sont rectangulaires et regroupées en seigneuries. Au Massachusetts, la forme des terres est variée, et il n'y a pas de seigneuries.

Les terres ont des formes variées.

Les chantiers navals sont en pleine expansion près de Boston. C'est ce qui va nous permettre de faire davantage de commerce avec les autres colonies et avec l'Angleterre. Ils en sont seulement à leurs débuts en Nouvelle-France. Contrairement à chez nous, l'industrie du charbon n'est pas développée. Par contre, il y a des forges pour travailler le fer.

Un temple protestant.

J'aurais aimé assister au service religieux dimanche dernier, mais il n'y a pas de temple protestant en Nouvelle-France. Tous les habitants sont catholiques. Selon ce que j'ai observé, l'Église est au centre de la vie des habitants, comme chez nous d'ailleurs.

J'espère que tu recevras ma lettre avant mon retour : tu sais comme les courriers ne sont pas rapides.

Alors à bientôt et je t'embrasse.

Robert

(suite, p. 74)

Nom : _____ Date : _____

2 Compare le Massachusetts avec la Nouvelle-France en complétant le tableau ci-dessous. Rappelle-toi ce que tu sais sur la Nouvelle-France.

Points de comparaison	Nouvelle-France	Massachusetts
Territoire		
Climat		
Division des terres		
Langue		
Religion		

3 Nomme deux activités économiques en Nouvelle-France et deux au Massachusetts.

En Nouvelle-France : • _____

• _____

Au Massachusetts : • _____

• _____

Activité **4** Le jeu du détective

Je sais reconnaître les ressemblances et les différences entre la Nouvelle-France et les colonies anglo-américaines vers 1745.

> **V**ers 1745, plusieurs colonies se partagent le territoire de l'Amérique du Nord. La colonie de la Nouvelle-France et les colonies anglo-américaines possèdent des traits semblables et des traits différents.

1 Joue au détective : entoure les affirmations qui sont vraies.

1. Les colons anglo-américains habitent dans des seigneuries.

2. L'hiver, la navigation est plus difficile en Nouvelle-France que dans les colonies anglo-américaines.

3. Les habitants de la Nouvelle-France viennent de plusieurs pays d'Europe : l'Allemagne, l'Irlande, l'Écosse et même la Norvège.

4. En Nouvelle-France, comme dans les colonies anglo-américaines, la religion est importante pour les colons.

5. Les Appalaches touchent au territoire des colonies anglo-américaines et à celui de la Nouvelle-France.

6. Les villes de Québec, de Boston et de Philadelphie sont des ports importants en Amérique du Nord, vers 1745.

7. Dans les colonies anglo-américaines, on parle surtout le français.

8. En Nouvelle-France, on cultive le riz et l'indigo.

2 Vérifie tes réponses avec un ou une camarade. Si tu as fait des erreurs, demande des explications.

Activité 5 À bien y penser !

J'exerce mon jugement critique en trouvant les forces et les faiblesses des différentes sociétés étudiées.

> Chaque société se développe d'une façon différente et possède ses forces et ses faiblesses.

1. Lis les informations suivantes, puis consulte la carte de la page 67. Tu en auras besoin pour faire l'activité suivante.

Vers 1745, la population qui habite le territoire des colonies anglo-américaines est très importante. Le territoire de ces colonies est plus petit que celui de la Nouvelle-France.

De son côté, la Nouvelle-France a un territoire immense, mais peu peuplé. D'ailleurs, la population de la Nouvelle-France est regroupée dans les basses-terres du fleuve Saint-Laurent.

Le climat plus froid, l'hiver plus long et la difficulté de recruter de nouveaux colons expliquent en grande partie la situation en Nouvelle-France.

Les colonies anglo-américaines ont un climat plus doux que celui de la Nouvelle-France. Cela favorise l'agriculture, le commerce et le transport maritime, qui est possible presque toute l'année.

Population en Nouvelle-France vers 1745 :

environ 55 000 personnes

Population dans les Treize colonies anglo-américaines vers 1745 :

environ 1 038 000 personnes

(suite, p. 77)

2 Trouve une force et une faiblesse de la Nouvelle-France vers 1745. Justifie tes choix en donnant au moins un argument.

a) Une force : _____

Mon argument : _____

_____

_____

_____

b) Une faiblesse : _____

Mon argument : _____

_____

_____

_____

3 Trouve une force et une faiblesse des colonies anglo-américaines vers 1745. Justifie tes choix en donnant au moins un argument.

a) Une force : _____

Mon argument : _____

_____

_____

_____

b) Une faiblesse : _____

Mon argument : _____

_____

_____

_____

4 En équipe, discute de tes choix avec tes camarades.

Activité **6** **Un territoire branché !**

🎯 Je comprends le lien qui existe entre le type de climat et la végétation.

> **L**a Nouvelle-France et les colonies anglo-américaines sont réparties sur un vaste territoire où les climats varient du nord au sud. Cela entraîne des différences dans les types de végétation.

1 Observe la carte à la page 79 et écris les climats représentés. Commence par le nord, puis continue vers le sud.

_____

_____

2 Lis le texte suivant, puis réponds aux questions.

Climats et types de végétation

En Amérique du Nord, les climats varient du nord au sud. Le climat **arctique** (très froid) ne permet pas la présence de grands arbres. C'est le domaine de la **toundra**. On y trouve des arbres nains accompagnés d'herbes courtes.

Plus au sud, on rencontre la zone de **conifères** : pins, sapins, épinettes et cèdres. Les conifères sont caractéristiques du climat **subarctique**.

Au sud de la zone de conifères, il y a la **forêt mixte**, qui est composée de feuillus et de conifères. Elle correspond au climat **continental humide**.

Enfin, vers la Caroline du Sud, il existe un climat **tempéré chaud** (ou climat subtropical). Dans ce climat, poussent des **feuillus** différents de ceux que l'on connaît dans la forêt mixte : magnolias, chênes, hêtres et noyers.

a) Qu'est-ce que la forêt mixte ?

_____

b) Où se situe la forêt mixte ?

_____

(suite, p. 79)

c) Quel type de végétation caractérise la toundra ?

_____

③ Associe les types de végétation aux climats représentés sur la carte. Découpe les illustrations et colle-les aux bons endroits sur la carte.

Carte 6 **Les climats en Nouvelle-France et dans les colonies anglo-américaines.**

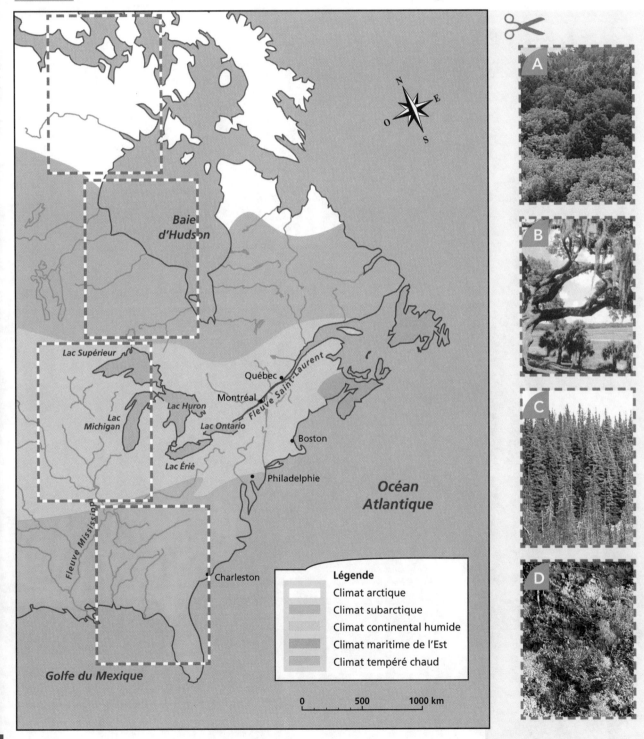

Légende
- Climat arctique
- Climat subarctique
- Climat continental humide
- Climat maritime de l'Est
- Climat tempéré chaud

0   500   1000 km

Des techniques

Activité 7 Vive l'eau !

J'apprends quelques notions sur l'eau et je comprends l'importance de cette ressource naturelle.

> L'eau est une ressource naturelle qui sculpte des paysages variés. Elle assure aussi le développement de nombreuses activités humaines et économiques. Cette ressource a été très importante dans le développement de la Nouvelle-France et des colonies anglo-américaines.

1 Observe attentivement l'illustration ci-dessous et décris en quelques mots ce que tu vois.

_____

_____

_____

_____

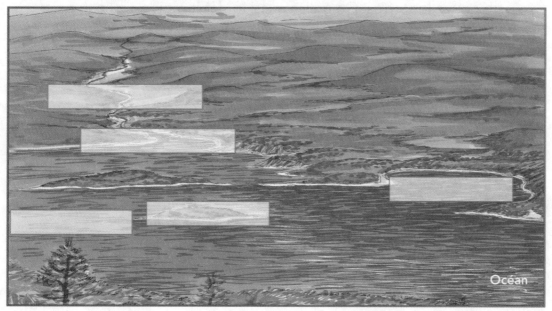

Océan

(suite, p. 82)

2 Trouve la définition des mots suivants dans un dictionnaire ou une encyclopédie. Place ensuite les mots « fleuve », « rivière », « baie », « île » et « confluent » sur l'illustration de la page 81.

a) Fleuve : _____

_____

b) Rivière : _____

c) Baie : _____

d) Île : _____

e) Confluent : _____

_____

f) Péninsule : _____

_____

3 Lis le court texte ci-dessous, qui montre toute l'importance de l'eau, puis réponds aux questions.

L'importance de l'eau

Vers 1745, les cours d'eau favorisent le développement de la Nouvelle-France et des colonies anglo-américaines. Ils permettent de transporter la population et les marchandises, ce qui favorise le commerce. Grâce aux cours d'eau, on découvre de nouvelles terres. On utilise aussi le débit rapide de l'eau pour faire fonctionner des moulins à farine. En résumé, l'eau permet aux colonies de se développer et aux gens de se déplacer, d'échanger des produits et de se nourrir.

a) Nomme trois métiers qui sont reliés à l'eau vers 1745.

- _____

- _____

- _____

b) Nomme deux utilités de l'eau non mentionnées dans le texte.

- _____

- _____

Activité 8 Mes connaissances à l'épreuve

▶ Avant de faire cette activité, tu peux revoir les illustrations ou les textes des autres activités du dossier 4.

Réponds aux questions suivantes. Elles te permettront de vérifier tes connaissances sur la Nouvelle-France et les colonies anglo-américaines.

1. Quelle langue parle-t-on en Nouvelle-France ? _____

Dans les colonies anglo-américaines ? _____

_____

2. Quelle différence y a-t-il entre le climat de la Caroline du Sud et celui de la partie habitée de la Nouvelle-France ?

_____

_____

_____

3. Quelle activité économique pratique-t-on en Nouvelle-France et dans les colonies anglo-américaines ?

_____

4. Compare le territoire de la Nouvelle-France avec celui des colonies anglo-américaines.

_____

_____

5. Compare la population de la partie habitée de la Nouvelle-France avec celle des colonies anglo-américaines.

_____

_____

(suite, p. 84)

6. Quelle religion pratique-t-on en Nouvelle-France ?

_____

Dans les colonies anglo-américaines ?

_____

7. Pour les habitants des colonies anglo-américaines, le fait de vivre dans un climat plus chaud comporte des avantages. Nomme deux de ces avantages.

• _____

_____

• _____

_____

8. Les terres ne sont pas regroupées de la même façon en Nouvelle-France et dans les colonies anglo-américaines. Explique cette différence.

_____

_____

_____

_____

_____

_____

9. Exerce ton jugement critique : dis dans quelle colonie tu aurais préféré vivre en 1745 et explique pourquoi.

_____

_____

_____

_____

_____

_____

_____